L'habitude (presque) rassurante des départs

collages épiques

Rony Demaeseneer

L'habitude (presque) rassurante des départs

Illustrations d'Alain Munoz

éléments de langage

à Milada, Danielle,
aux autres,
et à Arthur par ricochet

« Comme une gorge en mal d'angine. »
Georges PERROS

« Une Irlandaise
qui racontait des tas d'histoires
quand elle avait un coup dans le nez. »
William Carlos WILLIAMS

« Même à une autre époque
tu ne pourrais faire autrement… »
Vladimir HOLAN

Prologue

Au commencement…
…il n'y aurait encore que des digues,
celles que je connais sont pragoises, maritimes et flottantes !

Le jeu consistera donc à en délimiter les contours,
à consolider les bases de ces langues naturelles
pour protéger du temps,
l'érosion mémorielle.

Prague d'abord qui danse aux abords d'une brasserie,
Prague maternelle dans les bras de compagnons qui s'en vont
à la suite de l'éternel et brave soldat Schveik.

Prague est au fond ma ville natale,
ligne de flottaison qui croise l'autre ;
Bruxelles
où je vis
où j'aime et dors
où je rêve maintenant en écho
où je lis, dans la bibliothèque,
les Hrabal, Čapek ou Hašek
où l'on convertit en euro les centimes de *kopeck*.

Lourde et lente comme chez Hardellet,
comme la Vltava qui descend
guidée par les digues du c…
de Nantes à Bratislava,
la Bretagne où nous irons, plus tard
aux portes de notre bohême à nous !

Je vais à l'envers, remonte-pente,
à contre-courant de la Moldau
pour retrouver Milada
puisqu'elle est née là
nommée Dörflerová,
dans les senteurs d'orge et de houblon
la bière coule à flot, à Plzeň, à Urquell
que je ne connais que par le sang
si blond de la chaloupe
qui m'aide à revenir sur mes pas,
à la source originelle et brassicole.

Navigation à l'estime
à travers les méandres,
toujours longeant les digues
toujours naïf mais vigilant
à répertorier ce qui, hier encore,
n'était que rumeur.

Je réfléchis aux pas de mon ancêtre
empruntant la ruelle d'or
aux bras
d'un camarade.
Au pas camarade, au pas !

Donne-moi la cadence qui me permettra
de suivre vos ébats
vos fuites, vos errances
sur la colline de Petřin
que l'on prononce – Petcine,
à l'automne
ou au printemps.

Vois cette route balisée qui s'ouvre devant toi
ce flux courant d'émois bruissants
le long de la rive vitale
aimante
profonde
nue,

nue sous les combles, et fumant
bavardages anodins
citadins d'un monde
qui s'enlise,

s'agissant donc d'une danseuse,
correspondance ratée
bientôt, après tout cela…

agrippée à la taille d'un homme qui pilote une moto biplace
filant, traçant les routes d'un
Mittel Continental
mécanique,

deux roues qui s'imbriquent
dans ce bassin souabe.

Direction l'ouest
L'océan ?

Chaque mètre avalé leur fait boire la tasse !

Filer vers Greenwich
Méridien
prendre à gauche,
prise de risque à gauche.

La vitesse augmente sur les routes de campagne
[quand on est amoureux !

Et puis, ce souvenir,
elle, gravissant les marches,
dans l'appartement grisonnant,
au nombre égal à celles d'un film d'Alfred Hitchcock
à cette heure sombre
où l'Europe trébuche aux trente-neuf coups de minuit…

Escale I

« Prague et la Bohême en forme de préface ou de digue… »

Quittés.
Dans un élan fébrile, les bas-fonds de la ville,
les sandales moisies, les odeurs suries des réverbères
où les chiens s'oublient, le photographe, militaire,
armurier-soudard du passé sépia, sénéchal
du palais de nos souvenirs rouillés, au gré
de marches forcées que nous fîmes sur les pavés
froids, cassant le rythme le long d'échoppes,
carillons de Noël fumants, carpes fraîchement
pêchées que l'on vend à la criée,
dans les rues peintes de monde, chapeliers,
bateleurs, mécaniciens, pantins à peine pendus
aux réverbères comme Nerval, aux lueurs
d'un matin vert, au cri de la chandeleur.

Oubliées.
Ces heures de vacances alanguies,
aux hôtels minables, de l'argent sale s'échappe
des matelas troués, failles slovaques,
zone standard, carrefour au chancre vénéré
dans les pourtours de tes quartiers
au détour d'une veine macabre dans les faubourgs,
fuyant le centre surpeuplé, la nasse économe
de petits bourgeois fatigués par leurs méchantes
saillies, nocturnes vulgaires, vêpres de contrebande
où s'unissaient, malgré eux, plèbes et vautours.

Nous avions, nous carnassiers, imaginé que
l'heure était féconde, que la lumière nous aveuglerait,
suintant des tanières comme des bulles matinales ;
une marionnette au nez d'or dans la ruelle du même nom
qui s'agripperait à nos murailles de verre,
nos mécaniques soubresauts aux socs répétés

par les champs abîmés que nous découvrions
à vitesse calibrée, sur la selle perlante, cahotante ;
cahots des roues dans les ornières, les belles
trouées à travers les forêts moldaves qui
se succédaient, et que nous ne voyions plus si bien,
par les lunettes ajustées aux casques que nous portions.

Respirées.
Bandes de silences crochées aux briques urbaines,
mécanismes maçonniques, puériles sentences,
niaiseries, fadaises, bilans de pacotille
sournoisement établis dans nos vestes étriquées,
quelques astronomes tirent leur plan, la flèche de la comète,
livres muets à la respiration sonore, parti
pris, souffles courts d'athlètes boursouflés de cocktails
avalés en vitesse dans les recoins de salles surchauffées,
au risque de vous déplaire, vous suivant encore
sur les pentes asphaltées des vallées de Bohême,
bien assis, entouré de mes murs de livres,
d'encyclopédies bruyantes de solitude et de toutes les icônes
ravalées, au rang des capitaines d'artillerie qui se sont
[dérobés,
accents des ordres patinés – distance, fixe ! Silence !

Effondrées.
Comme des châteaux de cartes, périmées,
vos vies soufflées en ruines, par de la mitraille,
par-delà les arbres scintillants et les prières
qui vous ont vus passer, héros de la guerre amoureuse
que les bourreaux déclenchèrent l'année suivante,
vous n'en aviez cure, vous vous en fichiez,
rien d'autre n'existait plus que la route et les sentiers,
que la grande attraction des corps tendus

l'un vers l'autre, habillés de vos désirs humides
qui crachaient, en souriant, leur absurde banalité.

Maquillées.
Vos têtes légères s'amusaient
de la poudre à venir, de la grande dépression ;
elles vacillaient dans l'ivresse, au café de la place
qui dégorgeait de badauds aux enterrements,
l'habitude de se taire, et de perdre la face,
face aux fermiers imbéciles et leurs femmes gravides,
faut bien risquer sa vie quand on l'a, la santé !
sinon, à quoi bon vivre, pour douce se la couler ?
Allez enfin, vous voilà partis, désormais
vous quittâtes cette ville aux cent clochers,
ce fut la première fois, un semblant de départ,
l'habitude du bagage, et le métier avorté.

Libérés.
Vous n'aviez d'autre vertige que la peau,
usée par vos lèvres et vos mains,
vous ne sentiez plus ni la caresse du voyage,
ni la chance d'y réchapper,
les sombres destins, vous ne les appréhendiez pas,
aucune ombre au tableau de l'Europe, sur la carte
dépliée des hémisphères, vous vous couchiez
l'esprit clair et les bras fatigués déjà,
par les années d'errance qui allaient venir.

Elimées.
Guêtres salies, képis et ceinturons
que vous subtilisiez pour me les donner,
des totems, des gris-gris, des preuves de votre sursaut,
qui nous serviraient plus tard, à nous amuser

à nous inventer d'autres miroirs, d'autres fantaisies,
vieux souvenirs poussiéreux que nous enfantions
dans la chambre noire de nos Polynésies.
Nous jouions à tue-tête, tuant le temps des âtres trop longs,
qui n'en finissent pas de brûler, les escarbilles
bondissantes sur le tapis d'Orient, rouge et noir,
ramené sans doute, mais j'invente peut-être,
de Damas ou du Liban.

Fatiguée.
La belle grand-mère bredouillant
les ultimes contes zoologiques de son enfance,
les plaisirs de quelques rives oubliées de la Vltava
dans une case, sous une tente, dans la grande villa
de style colonial, et les chants ourlés des venelles
de Plzeň firent se lever encore
les dernières paroles des bestiaires d'antan.

Amusé.
Je l'étais pourtant, vibrant aux notes approximatives,
bousculé par mille lavages de mots entendus
et non compris parce qu'énoncés dans une langue inconnue.
Rythmes syntaxiques défenestrés sous les combles
d'une demeure sans étage, au rez-de-chaussée.

…paralysée cette vie, comme étouffée par tant de départs reportés, nue de lunes tropicales entrevues dans certains manuels dérobés chez le libraire du coin, la course sans se retourner aux dérives suspectes, la nuit aux vertiges eux-mêmes assoupis au creux d'improbables insomnies ; quickly man ! il reste tant de choses à voir, pas le temps de se reposer, le château, le pont, les tours, la synagogue et l'église, tu es protestant du voyage ce qui ne veut rien dire en somme mais pourtant tu crois que la formule fait son temps, fait son homme ; hurry up ! l'homme pressé qui n'a que faire des légendes, « emet » sur la glaise et des rabbis sans âmes aux accents gutturaux qui, dans les plus beaux rêves, se relèvent des ruines de l'Europe dévastée mais millénaire quand même, à travers les vents balayant l'arc méditerranée, les caravelles et les feux de bergers ou de Saint-Elme…

...redessinée la carte des dérives, la position des alizés sur la mappemonde, sur les verticales méridiennes de nos obsessions transfrontalières, griffées par le voyageur de fabrique en transit, et reprendre même en vain la topographie des pulsions du corps que l'on sait domptées par l'absence d'imprévu...

Escale II

« De la défenestration comme art de vivre… »

Postées.
Plus tard, on se prend à rêver de trouver,
dans les cartons d'un libraire
d'une des ruelles au seuil du Petit Côté,
des lettres non envoyées de Franz à …,
le double inversé, peut-être d'un double de Kafka,
métamorphose de l'épistolier devenu,
pour un instant, son seul destinataire.

Détourné.
Le regard qui lorgne vers l'Est ;
manière d'éviter peut-être un contact plus étroit
avec le passé trouble d'une danseuse tchèque,
qui fut, entre autres, ma grand-mère et
albuminée, cette longue chevelure noire,
et non rousse, et qui fait penser
à Hrabal ; Arrabal ? pensaient-il slave,
King-Kong et l'esclave ?

Aiguisées.
Les lames menaçantes des guerriers
au contact des lanciers sur les champs d'honneur,
engagés volontaires avec des désirs d'air, d'hypnose,
revendus en caserne à prix d'or, pour les bleus
de la valetaille, pour ceux que l'on ignore ;
les revoir au combat ?
Mieux,
qu'ils y reposent !

Rongé.
Le casino style Sécession perle de liqueurs,
la Maison du Peuple, cristal Art Déco, craquelures
d'humidité d'avant le coup d'état, le coup d'éclat

des rouges tavernes Art Nouveau,
sécrétions des convives qui n'ont plus du peuple
que les expressions délavées,
quelques paires de souliers au vernis suturé
ont remplacé les sabots des cultivateurs
venus en ville pour changer l'heure des vendanges ;
jaune graisseux sur les toits par milliers
et les sculptures aux catafalques de marbre
comme des sentinelles bilieuses, aux aguets,
aux remparts de la ville en veille.

Dompté.
Le magicien un peu kitsch qui rate son tour,
dans la file des cirques ; Barnum sur la place Venceslas,
orgie de saucisses, de bières et de *knedliky*,
farce aux choux d'un chapiteau rouge d'or,
clown rogomme et visqueux de quetsche rance,
et le funambule qui hésite à se lancer dans la danse.

Désarticulé.
Pantin sur un tas de fumier,
il faut être justement un peu funambule pour apprivoiser ta
[ville
hussite ou protestante ou communiste
qui pousse, du haut de ses tours, de ses salles de bains
et plus vite que son ombre de Golem,
les monarques et présidents.

Excommunié, justement.
Par le pape habillé en Satan, roulements de boucliers
dans le dédale de la ville, l'ange déchu, déçu, démis
de ses fonctions qui corrompt ses apôtres, ses putains,
le roi sans émules, les paysans, les artistes et les autres

acclamant Jan aux prêches adoubés,
décimant d'une sentence les pratiques malicieuses
d'une Église ventrue ; au concile de Constance,
arrêté, sans doute torturé, brûlé au bûcher des puritains.

« C'était à Praha, faubourg des Habsbourg dans les jardins
[d'Hollar »
aurait écrit Flaubert
s'il avait vu

Jumelée.
La ville aux cent tours,
à celle aux mille, qu'on visite en Toscane
et qui s'appelle, dans tout guide sérieux,
San Gimignano la Belle, « città dalle belle torri ! »
où l'on marche la tête levée, les yeux rivés aux clochers,
sans se soucier du torticolis ;

les maîtres-architectes du Sud remontant des côtes
[adriatiques,
sacs pleins de vignes et feuilles d'acanthe,
borborygmes de Borromini, pleins de fruits aussi, de feu
[clinquant,
joues de poire qui roulent dérisoires comme des larmes sous
[les valoches du bon Rodolphe
à la lippe habsbourgeoise dont j'ai hérité,
du baroque presque batave, plus débordant
dans un salon trop hollandais.

Dégoulinés.
Les jardins du château,
de terrasses en terrasses
comme des rampes de lancement
dans les jardins de Boboli,

retour en ville, rue des Irlandais, café Arcos
où Kafka, attablé, bûche sa grammaire italienne
pour son service de quinze heures aux assurances Generali,
décadence lascive des rues de la Bohême, des filles de bars à
[vins,
à bières, louches sur lesquelles d'ailleurs,
passèrent des régiments de cavalerie,
Franz en tête qui caracole, ivre de se savoir italien,
dégringole vers le fleuve, au bras de l'autre Franz,
vers la Vltava et l'île Kampa, la petite Venise,
celle de l'Est,
toujours les mêmes pavés
qui ne ressemblent pas aux cimetières musulmans que nous
[avions tant espéré voir,
tout est là,
suffit de se baisser !

Puisque je peux tout dire, tout faire,
puisque les calendriers n'ont plus de dates,
me voilà tyran, charpentier, livreur ou mendiant,
vendeur de souvenirs le long de l'escalier monumental,
[amulettes,
peintures-stencils à bon marché, aux lentes processions de
[touristes,
mais il n'est pas l'heure de souper,
encore un petit effort, le long de la Via Appia,
Roma-Praga, villes aux sept collines,
dans lesquelles je serai ce que vous voudrez ;
Je peux être arabe parfois mais je n'écris pas d'almanach
ni même la relation d'un voyage précis,
vous l'aurez compris,
au temps d'abû Nuwas
au temps d'un temps pré-islamique,
d'heure en heure, jour après jour.

Pas plus un carnet de route, ni même la narration d'une
[trajectoire
rien que les écrits épars d'un homme – enfin !
Qui se promène seul dans un champ de mémoire
miné par les sons des livres qui l'entourent – peut-être ;
et qu'il confronte, et qu'il emporte comme viatiques
à travers les gorges des femmes-plateaux qui n'ont pas changé
[de latitude même si elles sont
loin d'être sédentaires,
parce que ni le vent ni l'eau n'ont suffi à charrier leur courage.

…une parentèle dont je me souviendrais, lointaine, et qui réinventerait, utopique, l'unité nationale en remontant les fleuves d'Europe que je connais, depuis les plaines souabes jusqu'au cœur des cités flandriennes, Gand, Bruges ou Bruxelles, suintant la dentelle, dégoulinant de tentures et de draperies bourgeoises derrière lesquelles complotèrent les artisans d'un carnaval burlesque, épiés par les espions du Duc aux prises avec les ivrognes et les charognards…

…l'enfant joyeux au milieu des noceurs bedonnants qui le chambrent comme le vin qu'ils tirent des barriques crasseuses, qu'ils n'arrivent plus à boire tellement qu'ils gouaillent, sonneurs salaces pour qui les heures n'ont pas de terme ; le babil du bambin loquace amuse, innocent et futé, habile diseur de bonne censure, au milieu des casques et des lances que lorgne, du coin le plus sombre de la taverne, le brave soldat Schveik, dépenaillé mais servi d'un demi, face à lui et qui fait semblant de chanceler pour mieux les épier et les entendre raconter leurs souvenirs de campagne…

…pour se rendre de l'autre côté de la colline où mille cohortes s'affrontèrent dans un bain de sang nargué par le pontife de l'insurrection, sonorité maladive d'élans inondés de canons, de bréviaires et de litanies chahutées ; les fiers soudards prirent part à la grande orgie, porcs qui dégorgent, langues affamées,

oies gavées d'écorces huileuses et les socs pataugeant dans la glauque lie sirupeuse des estomacs avinés, remplis de ces choses que l'on sait ne pas digérer et que pourtant on ingère, reptiles avides de bombances bancroches, de boulimies que l'on croit festives mais qui ne sont que les amorces d'autres vanités...

...dans cette grande débauche cacophonique, la silhouette revêche et faussement naïve de Thyl au bras d'une demoiselle, dansant comme danserait le fol, épris de liberté, crachant à la face boréale de ceux qui se croient intrépides, parlant l'espagnol avec l'hidalgo et italien avec les autres, se remémorant le sabir oriental du dernier alchimiste mort une nuit de février, dans une ruelle blanche, juste à côté de la porte de l'estaminet...

Escale III

« À l'heure insolente des brasseries… »

« Ces trois musiciens faisaient un bruit du diable
et accompagnaient fort bien le goulasch au paprika,
les pommes de terre sautées mêlées de grains de cumin,
le pain aux graines de pavot et la bière amère de Pilsen qu'on nous servit. »

Apollinaire

Brassée.
Sur place, la bière est emblème,
blason du corps houblonné
comme armoiries blondes ou ambrées,
la bière mariée à la mère-patrie
et que les hommes brassent et souvent
s'embrasent dans la détresse des brassins.

Dans la ville, tous sont ouvriers,
employés à la brasserie,
tous des Schveik en série
qui brassent et rebrassent, sans fin,
la vis fore l'orge,
Plzeň est une forge qui s'endort à minuit
quand les brasseurs de la nuit,
chevaliers du malt, s'éveillent
pour transformer en or l'eau trouble du puits.

Perforé.
Le poumon brassicole du père
de la danseuse,
l'écrou à toute volée qui fuse dans la brasserie,
projectile d'un autre temps
comme venu des âges d'une Autriche-Hongrie perdue,
sous perfusion, et qui s'enlise et qui finit
dans la boue des obus qui gazent
les trachées, les cols gris des poilus pantelants et hagards.

Nue.
La poitrine de la serveuse pas vraiment jolie -
la serveuse ! - pas la poitrine que les gars reluquent
derrière l'ombre et dans l'air crispé d'une nuit qui s'annonce,
déportée vers le nord des hivers peu cléments

que la mémoire taciturne relègue bien loin,
aux confins, en marge d'un imaginaire portulan.

Gai.
Je veux être celui qui s'éprend de ces riens
qui font tout, santé ! Amours, plaisir naïf, sûr
et complice de sa virginité, spontanéité, santé !
À savourer sans vergogne sur des tables
qu'on dit de gigogne, décuplées,
les tournées générales aux noceurs volontaires
à qui rien ne peut arriver sinon quelques fables.

Enfumée.
La taverne balafrée de rêves fous,
les cancans y radotent leurs derniers soupirs,
cicatrices de rumeurs inventées,
de lueurs floues, spontanées
et qui rassurent le dernier pilier
qui sait qu'il ne partira pas
même quand le comptoir fermera.

Oubliées.
Tes fuites, tes détresses peut-être, sans doute…
machinales…
écrire encore pour t'écouter
subir la lente crue dépressionnaire de ta cavalcade à travers
[les bois
et cracher dans les tranchées,
boire aux sources pures des villes d'eaux
dans des hôtels luxueux,
fouiller les corps gras et italiques des nomades suédois
qui emportèrent avec eux les manuscrits de ta bibliothèque.

Passage à tabac de ta ville dorée aux cent clochers
et surveiller – « *Stahovat !* »
l'étendue réelle de ton évasion !
Voilà ce qu'il reste de nos saynètes,
un peu de cire sur les reliures de notre passé…

Mais tout est à venir… comme

Sucrées.
Les poires blettes sur la table de connivence
de la cuisine, donnant, telle une capitainerie,
sur le pont verdâtre du jardin clos,
martelant des ordres, sifflant à tout rompre
les instructions précises aux mousses et au bosco ;
vous abolissiez les frontières, plus de lignes de flottaison,
plus de lime pour vos ongles cassés
avec lesquels vous effaciez les contours
et narguiez les idoles.

…sur la table de formica du nouveau bistrot trottent déjà les ronds laissés par les verres de bières, cercles de connivence retenant les rires gras des noceurs imbibés, comme une translation arrimée aux anneaux de Saturne, la planète gazeuse à fond de local puant, débordant d'atomiques ruées vers l'or des bocks, banco d'argile dégraissé sur la pente craquée des falaises anonymes de tous les mercenaires qui piquent sans le savoir les rôles de chacun, où se jouent les mystères divins sur les places devant les églises en ruine que personne ne fréquente plus si ce n'est, pour se réchauffer, le soir de l'annonciation après que Marie a rejoint l'ange dont elle s'est amourachée, dans une nuit trop lisse pour que la peau émerge de sa tanière, luisante d'un plaisir qu'elle ne s'est pas octroyée, infiniment complice d'une béatitude qu'elle mime sur les parvis…

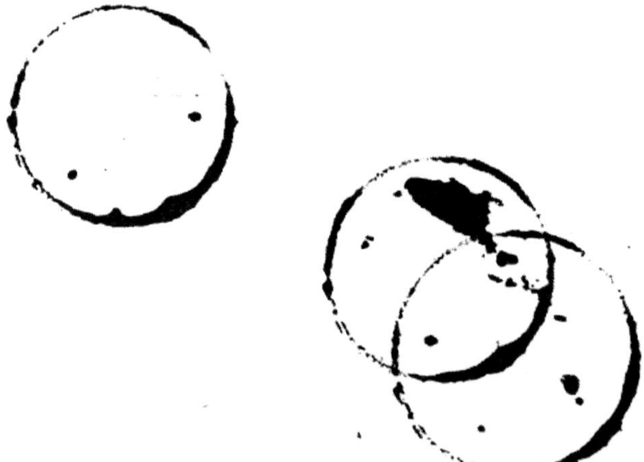

Escale IV

« Plzeň, 1939 … »

« A Plzeň, Wallenstein espéra saisir un sceptre :
j'étais aussi en quête d'une couronne,
mais non pour moi. »

Chateaubriand

Etiré.
Le ciel bas de la ville couleur de laiton,
dans la crasse palpable des essences frelatées,
l'usine Škoda concurrence la brasserie
désormais aphone, assoiffée
de légendes germaniques ;
transes d'opéras joués à la cour
des princesses alanguies
sur les bords d'eau de la Vltava.

Photographiée.
Eté 66, Vernante sur une terrasse du Piémont,
avec le grand échalas ; Avril 29, du côté de Mala Strana,
peut-être par Josef Sudek ; Mai 73, en quarantaine,
aéroport de Bombay, absence à ma naissance
que le toubib de Charleroi ne pardonnera pas ;
Septembre 52, sans doute tarmac de Moi-Mombasa,
avec fils et mari, bien loin de la colline de Petřin.

Quelques photographes illustres, justement,
ont jalonné l'histoire bousculée de ta région,
surtout du siècle qui s'efface ;
leurs noms résonnent au K par K,
Sudek, Josef et Saudek,
Jan Šibik, et Miroslav Hák,
tous appuyant un jour ou l'autre
sur la gâchette du Reflex,
tous auraient pu te tendre
ces petits bréviaires
que les amants s'échangeaient,
pinsons espiègles brûlant Bunsen
aux becs d'amours aviaires.

Cadencées.
Vos jambes souples rythment le pas,
capables d'inventer, de réinventer,
la marche nuptiale des plus beaux soldats,
si beaux il y a !
De ceux qui crèchent dans un poème d'Apollinaire,
au milieu d'une nuit étincelante d'abus d'obus
et de fracas.

Usées.
Elles n'auront gardé en mémoire que l'arthrite
et quelques croche-pieds involontaires,
et je suis jaloux, par moments seulement,
de l'agilité de votre corps, de votre danse,
du grand gars qui vous accompagne
et si maladroit ;
je répète depuis peu, le pas de deux,
la valse et l'entrechat mais rien n'y fait !
ça ne vient pas.

Ensanglantés.
Les siècles de peur se déchaussent
dans l'été burlesque d'une famine que l'on délaisse,
évitée ; pays sous-commenté, pas de développement,
pour ces contrées, ce n'est pas nécessaire !

Voués,
comme on dit aux gémonies,
les pauvres caprices d'une saison confortable ;
boire l'auvent sous le sable
du combat inévitable,
du pourtour qui enserre
et qu'on aime tant.

Voyez comme le temps s'infiltre en écho !
Comme l'ombre s'invite allegro,
l'âge n'a pas de rumeur,
l'âge mûr macère, l'âge d'or rassure,
l'âge se mêle au murmure
qui dit qu'on est fou de penser à quelqu'un.

Exilé.
Je cherche le cimetière où gît le brasseur,
mais le cimetière est loin et le temps compté
même si les poèmes de Topol
ont le goût particulier des cendriers, temps compté
des cigarettes tchèques que vous fumiez,
assis, presque couchés devant
les portes entrouvertes sur les bancs des Sokols,
le cimetière se dérobe dans les fumerolles des tabacs.

Saccadés.
Les déhanchements d'un corps de murène,
élevé à la badine et génuflexion,
qui satinent le parquet
devant le miroir,
reflet de la stature haute
et droite d'un petit rat d'eau
qui coule lentement
entre les planches blanches de la partition.

Détrempée.
Délavée peut-être, mon fils
la retrouvera, dans la valise oubliée,
cette photo de vous trois,
que je ne regarde pas,
que je ne regarde plus, car elle n'a plus

la capacité de m'émerveiller,
et je ne sais pourquoi
je ne veux plus lui transmettre
la déveine du temps
qui léchait vos bottes
dans le bourbier des manœuvres
et excitait vos sens
quand vous parliez d'avenir,
trop plein d'intention
de revoir une dernière fois
les plaines du Kenya.

Comme coupé,
de tes racines slaves, au pied du mont Fidji,
je m'embrouille dans la chronologie
de ces départs incessants,
rapatriant les corps dans les avions de transport,
luisants cargos survolant peut-être,
était-ce au nord,
la plume du Kilimandjaro
qui éventait l'été
d'une pale africaine.

Mon fils regarde par la verrière
les lézardes laissées dans le ciel
par les sillages aéronautiques
des charters bruyants.
Le survol des toits à basse altitude,
n'a pas de prise
sur les élans de son nom,
Arthur en couleurs
et les voyelles pour prénom
rayonnent dans son cœur
d'une lueur déjà paternelle.

Accentuée.
Par le flou d'une chaleur automnale,
l'image dessine l'espace
d'une passion qui détone,
qui déroute et que je n'arrive pas à comprendre,
que je cerne mal,
malgré ces lignes de traîne
qui s'impriment
sans doute indélébiles.

Attentifs.
Tandis que nous attendions encore, impatients,
le retour des bohémiennes lourdes de lait,
dans leurs longues robes de velours,
hésitant comme des chiens
à nous jeter sur elles,
désarçonnés que nous étions
– bien avant la bataille –
par leurs sourires narquois.

Nouée.
La trop bruyante solitude chez Hrabal
mémoire muette de Kubin,
toutes les voix qui cherchent à rendre
ce dont je n'aurai pas parlé avec toi ;
mais pourquoi n'avoir jamais voulu revenir sur tes pas…
que cherchais-tu en t'éloignant de Mala Strana,
de la seule place de la ville où l'on peut apercevoir les deux
[rives de la Vltava

Station Pohorelec, tramway 22.
Arrêt au couvent, sur le banc,
deux amants s'aimaient d'amour tendre,

le tram accoste, à quai, tu descends – terminus !
mémoire en filigrane qui me joue des tours...
voleur de pierres incrustées dans les ais de nos paumes...
que voulais-tu cacher ?...
frontières brisées par une jeunesse dissolue ?
amants échangés aux abords de la gare
dans des caves-champagnes ?

Restée.
Pavla, la sœur, dans une léthargie de vieille fille,
destin inversement proportionnel à ta cavalcade,
à ton désir increvable d'horizons ;
restée auprès des parents après ton départ
et celui prématuré de son mari, ton beau-frère,
mort d'une fièvre inconnue, terrassé au mois des joncs,
devant le seul monument de la ville,
célébration de la libération par les troupes de Patton ;

Qui se souviendra d'elle, vivotant à côté des rues maltées,
enseignant Martial et Cicéron à de jeunes tchèques,
révolutionnaires en herbe,
épris de libertés, de printemps et de velours.

Echolalies des langues vernaculaires mutantes
au fil de l'histoire...
- Merci Monsieur Heller ! -
qui gommeraient d'un seul coup de rasoir
et le Palatinat, et la Montagne Blanche
d'un coup de langue, d'une claque palatale,
d'un clic alvéolaire
au moment de faire comme l'autre le dernier couac !

Quoique, me direz-vous,
les langues se délient parfois.
À table donc !
Nous nous y mettons
dans des dimanches inconsolables,
pour transformer en palefrois
nos fiers destriers…

…comme le making-of d'une vie qui tournerait au fond du verre de bière posé là devant soi, dans la chaleur grise d'une fin d'Occident, à l'heure où la bière justement se transforme en or ; tournée visqueuse des bars que l'on rejoint téméraire, évasion profilée, mais amoureuse de toi, toisée du pied à la toison et pas plus haut, pas la peine d'irriguer la tête, les jambes suffisent, les pieds, les vérités d'argile ont la dent dure et rester encore une heure pour repartir neuf, éclopé mais revigoré…

Escale V

« La vitesse augmente sur les routes de campagne ! »

Lancés.
Donc, enfin, sur les routes de campagne
qui vous mènent vers les horizons, il y en aura tant,
sous la carlingue deux roues, vent de face
qui fait gonfler vos plastrons et manteaux,
armés de grosses lunettes d'aviateur,
bonnet de cuir aux lanières élimées
comme l'itinéraire que vous empruntez
et que nous appellerons Dörfler du nom de ton père.

Plié,
dans ta poche presque décousue,
le passeport du Protectorat,
annexé déjà à la croix dégommée comme une gaine
mal assumée mais judicieuse
pour le départ recherché,
à califourchon, je ne t'aurai connue que comme ça
sans robe, en pantalon.

Féminité.
En berne, chaussures montantes, bottines pour Mars,
protections indispensables pour ce mois de giboulées,
par tous les temps ; périple que je me plais à réinventer,
à travers les plaines, les Länder,
Thuringe, Bavière peut-être,
au-delà des rivières et des fleuves impassibles,
plus loin que la digue des souvenirs que vous avez bien voulu
[me transmettre
sachant que l'Histoire est du temps figé pour la mémoire.

Bifurqués,
vers le nord, pouvoir magique de les piloter
vers les pays au climat blanc et sec,

aux lumières qui n'ont de désolante que l'apparence
et qui sont peut-être finalement plus chaleureuses
que celles de certaines contrées plus méridionales.

Protégé,
je me mêle littéralement de leur aventure, à leur aventure,
la réécrivant au gré de mes chapitres abreuvés de mes envies,
les poussant constamment vers Hanovre
ou les lanternes d'Hambourg le long de l'Elbe,
protégés qu'il sont comme moi, par les Lares germaniques,
sous la complice offrande aux Kobolds de la forêt
que vous avez dû traverser,
esprits frappeurs mais conciliants ;
c'est que je les envoie vers ce nord, toujours la même devise !
mais à y regarder de près,
trajet inconcevable, sur les plis de la carte,
route de traverse improbable en ces temps peu propices à la
[musardise.

Tubulés.
Sur la route qui mène à Fontaine,
dans ce paysage aux velours industriels,
je pense à vous, des décennies plus tard,
où les longs fuseaux fuient, noirs, inertes,
comme des pipe-lines sans carburants,
vaines canalisations rouillées indiquant
la direction, aiguilles de la boussole folle
en bordure de la zone interdite,
les enfants de la région s'y risquent quelques fois,
élans transgressifs vers les vannes,
diamètres excessifs des transports qui nous poussent,
et quelques âmes qui, parfois, dérivent,
sherpas
de la gemme minière en apesanteur industrielle.

De quelques sentiers
où nous nous sommes
croisés, mais pas en même temps.
Tout le monde se déplace un jour.
Chacun découvre un matin la douce fébrilité du départ,
sous un soleil moite de rigueur,
l'angoisse au moment de partir.
Appréhension et impatience se mêlent
afin de donner au corps l'impulsion définitive,
celle qui ne nous fera pas reculer.

Rappeler
que vous quittâtes la ville peu avant l'annexion,
spartiate de votre région
où s'installèrent bien avant la furie,
des colons allemands désignant de leurs pics
vos terres arriérées,
vos plaines moraves baignées de menaces,
imbibées de silences ;
à l'angoisse, succédèrent ces roseaux insouciants
d'une passion naissante
qui ne plia pas,
du moins je le pense, en vous regardant
du haut de l'écluse, du coin de la route
vous voyant filer à vive allure
évitant les ornières comme on saute d'un train
en marche,
en route, fuyant l'écho des plaintes
que l'on n'étouffe pas,
même avec de bons freins.

Vous laissâtes donc la ville natale,
une valise borgne sur le porte-bagages,

un semblant de souvenirs arrimés
à rien,
rien ne sert de courir,
sauf qu'ici, en Ruthénie
le temps est compté - « sudété ! »
pourrions-nous dire.

La drôle de fuite, l'errance,
au bras, aux reins d'un homme
qui sut se taire pour vous plaire ;
et il aura fallu la brise
sur vos nuques
pour alourdir l'étole d'un matin
où les mains se retinrent de ne pas
griffer peut-être le cou noueux
du désir.

Ce fut l'insouciance,
peu avant le prix qu'il fallut payer
pour ne pas regretter
la famille laissée derrière le rideau
qui ne s'est pas fermé complètement.

Effrénée.
La succession de sensations vives
qui fera la cohérence du voyage,
rapidité d'exécution de la mémoire séquentielle
à raviver les images perçues ;
rétinienne la mémoire !
qui joint aux mots, et l'image et le son
sédentaire accroché aux ribambelles de papier
photo qui, d'un trait, relie Paris au Caire,
au cœur d'une caresse indolente.

Eveillé, impatient, oui !
Dis-moi encore papa,
les sardines et la dent cassée de Lisbonne,
la belle balinaise, et les truites de Prague à Noël ;
encore, allez ! dis,
la cathédrale et les geôles de Cologne,
la synagogue Fleischer de Plzeň ;
c'était en été ? au printemps ?
et les chemins de douaniers et la passe d'Ouessant,
le pied foulé à Rome et l'air de Boboli,
le jardin derrière la maison et l'île de Gorée,
aux temps des esclaves, hein ?
je me rappellerai tu sais ;
les musées de Bruges, la bière qui rend drôle,
l'amertume de la mousse et du foie de canard,
le rosé de maman aux joues, chez Astrid ?
le sable volant d'Oujda, le Swiss Hôtel d'Istanbul,
le nid de Munich et Carnaby Street ;
l'éventail à la mer, la police sur la digue du nord,
les croquettes sur le Pier et la casquette Mac Orlan,
c'était des pirogues à Venise ? dis, je me souviens pas !
des gondoles, des calle, et le bar d'Hemingway,
comme dans toutes les villes,
oui, je me souviendrai si tu me dis encore ;
et les toits de Rome, et les bateaux mouillés de Dinan,
l'imprimerie de Bâle, le vert fluo des rizières à Java,
et les artisans, les rumeurs de Paris, l'averse folle sur
[Batz,
les psilos de Redu, l'immeuble de Bruxelles
et même Charleroi !

allez, dis, reprends encore une fois, dis, juste pour moi !

…la vitesse augmente sur les routes de campagne quand le crieur finit sa tournée, dans les cafés sombres, de grands ducs et des choucas s'éloignent, prennent la fuite, à la sortie du faubourg, prendre à gauche après le bouleau, mettre les gaz, souligner le dénivelé des ornières et faire crisser les pneus des roues enrubannées sur le macadam en pensant déjà aux Tropiques, à l'ombre de palmiers vert-bouteille-fumée, retour d'Est en Ouest, par les champs, par les grèves, foncer à vive allure, se faisant la malle qui part de Calais par temps calme, beau temps, Beaufort à plat dans son phare perdu au large des Glénans, pas la peine de le bousculer pour si peu, l'or des mers brillera plus tard, du côté de la mer Rouge, loin des vents luxueux et désuets de la Bohême…

Escale VI

« Je n'ai que la bibliothèque pour me rapprocher de vous »

Paginé.
Le voyage commence, par là, peut-être
réellement dans les livres, rangés
ou désordonnés sur les étagères
qui ploient sous le poids des tonnes de tomes
et qui rassurent le lecteur, qui raniment le voyageur,
en font un collectionneur de départs,
préservé,
le bibliophile qui revisite ses princeps
par le petit bout de la vignette.

Effondrés.
Les rayonnages de la bibliothèque
sur la tête du pauvre Alkan, ami de Chopin,
pianiste, bibliophile comme Bonnard,
pas le peintre, mais Sylvestre,
est-ce un crime d'aimer les livres ?
mais on les aime pour leur peau,
l'index serré, le dos que l'on baise
et les nerfs à fleur peaucière,
on les hume, leur tire les vers du tome,
et les brûle à l'occasion, à l'encan mais,
est-ce un crime Sylvestre de les aimer tant ?

Avortés.
Les trop nombreux textes
qui dorment au fond des camisoles,
folie précieuse et parfois futile
mais dont on ravive à tout prendre,
l'été, à la saison des lumières.
Et qu'on trouve encore trop raisonnables.
Et qu'on oublie dès lors.

Griffonnées.
Les notes cornent les marges
du cahier, le nouveau carnet commun
à tous les enfants de la circonscription,
du bassin territorial aux contours troubles d'ailleurs ;
je n'ai pas fini d'annoter, le premier cri,
la première dent, le premier rite
qui dit quand il faut y passer.
On y reviendra.

Cataloguées.
Vos fiches géographiques mesurées
en in-quarto, cartel de médisance
pour quelques autres photos abîmées,
vous ne pourriez plus aujourd'hui en être,
le temps a passé, le temps a vieilli,
même le bagad de Lan-Biouhé n'a plus de sonneur,
ils s'en sont allés, partageant leurs erreurs
comme on partage le pain.

Croqués.
Les écrits coquins que l'on cache
au fond des rayons, écrits-cloaques
en fin de catalogue, bas de page résillé,
surpris dans la chambre
où l'on tourne les pages élancées,
les bouts de textes inachevés
s'emboîtent,
signalement de la fin du paragraphe
par l'étroit cul-de-lampe.

Rassurés.
Par la lampe de chevet, opaline rédemptrice

qui nous retient la nuit
avant le départ, des aigreurs tourmentées
qui affaiblissent le cœur,
et les lectures s'effritent
et l'on oublie les heures,
les phrases ou les erreurs.

Colorisés.
Je reprends l'inspection de ma bibliothèque
par les couleurs rayonnantes des auteurs,
les bleuités de l'aphone Perros, l'arc-en-ciel perdu de
[Rimbaud,
le corbeau noir de Kafka, la blancheur sombre de Lusseyran,
et les vertes promenades de Walser.

Les livres s'imbriquent dans ma mémoire,
horlogerie précise et presque suisse.

Même fragmentée,
la mémoire ranime,
métronome liquide des déplacements,
silhouettes déplacées par les plis des livres et des bouleaux
dont nous fîmes cabane
dans les hautes herbes
par savane recomposée,
escapades sur les paquebots, dans la campagne,
sur les aires d'autoroutes, sur les vélos,
la mémoire même éraflée
manipule les déroutes,
mastique sa vengeance,
odeur de bois mouillé,
déplis sur le sofa,
factices, les mémoires des sexes

sur les pages collées,
extraits de souvenirs encollés
vaille que vaille
sur le cousoir, dans le boudoir,
inventions palpitantes
nourries de nègres et d'orties,
des Casanova novices, des Dom Juan
aux heures cadastrées des vêpres,
quand le cul s'étonne des volumes
à lire,
des poètes atones qui finissent
d'élire leurs meilleures
anthologies.

Allongez !
La cadence du vers long
quand il longe les berges
des fleuves contournables,
aux fleurs longilignes
des Histoires interminables
qui filent le long des rives,
des rivières, des dérives,
des héros de la guerre
que l'on vénère dans les livres.

Le poème donc est long
et la nuit lourde de vers
accrochant aux néons des éthers
les formes oblongues de nos artères.

Je me suis mis en tête de mâcher les livres qu'il me reste à lire !
Effet de manducation sur toute la bibeloterie sentimentale
[dont on aime s'entourer ;

mélange de mots et d'objets dans une grande tornade,
combat violent des ébats, dans un même mouvement,
mêlant mots et choses, partouze scripturale !
Masques africains, chaises à porteur, madeleines, bustes
[romains,
bréviaires ou antiphonaire de Saint-Grégoire,
articles, journaux, archives séculaires, vieux autels baroques,
pipes, crayons, vide-poches, images saintes et mèches de
[cheveux secs.
Sons et odeurs aussi, livres évidemment, bibles et autres
[curiosités.

Capacité
de la Bohême à pourvoir de reliques les velléités
[révolutionnaires de mes balades
et ce désir extrême de décoder les séquences ADN,
plaisir pervers de croiser les patrimoines génétiques des
[bibliothèques intimes ;

De poète en herbe devenir poète en terre, poète de la terre,
[terrien
dont la main à charrue vaut bien mille mains à plume
et réciproquement ;

Et tourner encore,
et tirer à la seule force du bras
les cordes des amarres
à Mayence au hasard,
dans l'atelier Gutenberg
spolié par Fust ou Schoeffer,
ouverte la grande campagne papivore
des incunables paillards.

Echafaudé,
en secret
le plan général de la bataille,
marcher à travers les stèles de nos jeunes candeurs
et charger dans les bruyères
et frapper encore,
guidant les troupes furieuses et les fragments d'homme
qui se moquent des livres et des femmes,
si ce n'est pour y mettre le feu !

…archives de la littérature tchèque que tu semblais connaître et que j'ai visitées mais dont tu ne m'as jamais parlé. Incunables, enluminures de ton pays, de ta nation. L'histoire de ce prince Vladislav et de l'ordre des Prémontrés. Je me rappelle ton fort accent baroque comme les globes et les voûtes de la salle des manuscrits que l'on ne photographie pas. J'y suis allé pourtant sans te raconter ce que j'y cherchais, sans te demander si tes premiers baisers avaient le goût de l'encre ou du papier…

Escale VII

« Deux corps sur la route »

Imbibés.
Les coudes engoncés dans la lagune,
où l'on peine à crocheter la serrure
de l'hôtel où l'on trouve refuge,
où l'on se calfeutre,
on craint le canal Venise qui, comme souvent,
a des airs louches d'enfant fiévreux ;
on s'égare, apatride consolé
par les autres voyageurs
qui s'animent, comme nous,
faussement étonnés.

Érotisés.
Les corps bombés des nus
au tub de Bonnard et
que l'on réveille
aux midis du siècle
dans un élan d'érotisme malsain.

Trépignez !
Allez, d'impatience, soyez fous,
gorgez-vous d'écarlate pour le rire,
sans tête, pour l'écorce que l'on fend,
d'un coup de hache, d'un coup de dent,
on grave l'instant, dans un rire de tempête,
on blesse l'écorce, on y plante l'écrou,
sans savoir si le temps s'imprimera malgré tout.

Musquée.
L'odeur des corps trop imbriqués,
trop proches l'un de l'autre pour
que naître en toute indépendance
soit, irréelle, la panacée,

pleine de larges prairies qui naviguent, érodées,
dans la chaleur dense d'une vaine fureur.

Séparés.
Vous ai-je vus seulement vous emporter
en de vaines disputes, d'ineptes paroles,
en de dérisoires insultes qu'éclaboussent les années
comme un reste de pudeur sur ton aréole,
je m'imagine la touchant du bout
des doigts, glissants, parfois étroits ;
des amants qui s'épuisent, on ne console pas
ni la peine sensible, ni le profond désarroi.

Passionnées.
Les turbulences des corps s'inventant la nuit
sur des parures matelassées.

Bornés.
Des amis s'ébattent, s'élancent,
fatigués pour la plupart, par leurs propres années,
troublés de voir le temps revenir à zéro
et courber les heures aux retours d'une erreur,
d'un instant mémorable, d'une seconde fureur
qui fit tendre le vent vers de nouvelles humeurs
et pourtant le vent tourne, forcément,
ça divise, ça distend, l'estimable écho !

Sublimés.
Les moments étroits de tendresse fugace,
c'est précieux ce qu'on dit quand l'enfant surgit,
aux élans d'une caresse, au détour d'un baiser
pris entre deux portes, volé par paresse
et l'on tend à revenir, quand le tendre se casse,

sur les remords adéquats
de vilaines détresses.

Aux gestes que vous fîtes,
vous arrêtant dans les taillis,
je ne sais rien que ce que j'imagine,
embellissant un peu le portrait
d'une cavale d'amoureux,
Bonnie and Clyde rhénans
esquivant l'Histoire pour brûler la leur
dans les granges et sous les hêtres.

Partagés.
Deux corps sur la route,
entre le désir de fuite et la peur d'arriver,
happés par les mille kilomètres qui séparent
Prague et Bruxelles sur un même parallèle,
nombreuses les passerelles entre les deux méridiens
sans décalage horaire,
Europe au Palais des Digues.
Diète où soixante-quatre doges, droits comme des « i »,
clament haut et fort
leurs vœux pieux de bons réformistes.

Sur la carte donc, une ligne directe
– latitude d'un peu plus de 50° nord –
digue imaginaire cette fois qui se perd plus loin
dans la mer celtique
où se baigneront les deux athlètes du non-dit.

…d'autres corps auront pansé les souillures, les belles ecchymoses bien proprettes du temps qui a fui sous les fumées sombres des chantiers, des fours qui servirent eux à souffler le verre et rien d'autre, dans les champs de coton, sur les plateaux africains arides et doux à la fois quand la nuit s'en mêle et que les ombres n'ont plus rien à dire ; l'homme ingénieur, jamais surpris dans les bras de torrides amazones, n'aura eu de cesse de partir, toujours toi à ses côtés, caressante, suspendue aux lèvres et à d'autres extrémités, sans hésitation même pour les autochtones qui durent à leur tour vanter parfois d'autres ciels et toutes les autres promesses glissées à l'oreille, chuchotées peut-être dans l'embrasure d'une nuit ouverte un peu plus que les autres…

Escale VIII

« Les objets voyagent aussi comme les hommes »

Curiosités.
Des cabinets de collectionneurs qui hantent mes veillées,
la nuit et se réveillent pour laver l'encre
des annotations, des topologies devenues sédentaires.

Un tampon encreur en demi-lune avec manche en faïence
recouvert d'un vernis rose et incrusté d'un cartouche
de cuivre aux initiales J. C.,
origine inconnue !

Deux lorgnons aux branches rouillées
et un fès récupérés dans un bazar d'Istanbul,
symboles de convoitise pour la mort qui rôde
autour du cadran sculpté de l'horloge
dont le maître d'œuvre, Hanus,
fut aveuglé pour éviter qu'il reproduise
ailleurs le chef-d'œuvre.

Un portulan (30 x 23 cm) dessiné par le cartographe
[Angelino Dulcert au XIVème siècle,
ayant appartenu au Cardinal Domenico Riario,
maître ardoisier du Palais Corsini à Florence.
Carte nautique grossièrement peinte sur parchemin
[représentant
les écueils susceptibles de gêner la navigation
le long des côtes de l'île de Majorque.
Offerte par Christine de Suède au Rabbi Löw
lors d'un voyage dans la ville des Medici.

Une statuette de bronze de dix-sept centimètres de haut,
femme stéatopyge dont les membres supérieurs,
terminés par des moignons (à la façon des oiseaux
[clunipèdes),

supportent chacun une coupelle de métal trouée au cœur,
permettant de recueillir la cire de bougie,
aussi appelée bobèche et si chère à Bachelard.

Ce hamac aux couleurs hindoues
envoyé de Calcutta, mail express
à l'ami, à l'employeur,
comme lui ingénieur,
et résidant à Wuppertal,
agglomération Rhin-Ruhr,
trajet dans une vieille Chevrolet sale
pour récupérer le cadeau de la candeur.

Une édition dépareillée reçue d'un ami,
traducteur de l'allemand, recueil-anthologie
Prague aux doigts de pluie
et autres poèmes 1919-1955
du poète Vitězslav Nezval,
ami de Breton et lui-même traducteur de Rimbaud,
poèmes pour la plupart traduits par François Kérel,
en collaboration avec l'auteur,
préface de Philippe Soupault (pas d'erreur)
Les Éditeurs Français Réunis,
quarante ans d'échanges
dans les mains d'un amant, dans celles d'un ennemi ;
qui aurait dit qu'un couteau tâché de sang
pût servir au collectionneur de massicot ?
Labyrinthe de dons, de paumes croisées
pour atterrir dans les miennes, sur mes travées.

Comme les hommes,
les objets se lassent du voyage,
ils aspirent à la retraite, immobiles,

vieil adage de chansons folkloriques,
une harpe, un chiffon noir, un tambour,
une horloge astronomique,
une torche, une lance, un rosaire,
les affabulations prophétiques
et les calembours
d'un voyageur de passage
pour qui l'air des choses vaut bien plus
qu'un bouquet de roses.

…par la séquence descriptive de l'ustensile, liseur de bonne aventure voyageant vers d'autres lieux, d'autres temps, le poème des objets inertes redresse le voyageur fatigué cloué au lit de son passé meuble, littérature réinvestie par les êtres et les choses, distance du songe au présent par le martinet retrouvé sous le lit, un pendentif d'argent, main de Fatma, deux couverts en bois d'érable, le Liban qui s'invite dans l'assiette du lecteur qui se fait son propre tour du monde, observateur aguerri du planisphère sans autre horizon que son phalanstère, lecteur fasciné par le récit des autres pour qui le poème est affaire de décor et de rimmel effacé sur des draps trop nets, sommier qui imprègne la page d'une odeur que seul l'apprenti voyageur peut reconnaître, au coin d'un feu, dans l'entre-deux des lignes qui s'accouplent, s'appuient à la balustrade de l'hôtel au grand escalier qui mène à toutes les chambres qui se ressemblent et que l'on reconnaît pourtant au premier coup d'œil, par la couleur de la table de chevet, inimitable…

Escale IX

« Et la Belgique en point de mire... »

Étrangers.
Presque dans les villes de Belgique,
clouées au sol, prisonnières d'une ou deux guerres,
territoire neutre de neutralité bafouée
où les hommes gagnent leur solde sans arrière-pensée
dans la satisfaction et la morosité mêlées ;
ils étaient borgnes, les tourneurs, les souffleurs,
ingénieux ingénieurs des villes minières
où le pain transpire la mine rance des casiers.

Chantée.
L'ode que je lance au Carnaval,
à la face masquée, épuisée par l'encens,
je donne le La, lassé de pala-
breuhh... Bon Dieu,
qu'il fait froid sous vos tristes destinées.

Habitués.
Nous remontions le boulevard au temps du Carnaval
[justement,
il faisait froid, les mains gelées comme les oranges
que les Gilles lançaient en l'air, écrasées
au milieu des confettis, des tourbillons de flonflons,
presque saoulés, nous prenions au café,
des chocolats, des bières et des thés moins souvent,
l'apéro s'éternisait et l'on fumait dans les troquets
de la ville quadrillée uniquement par les chars
du défilé, des géants dodelinant à la barbe des papas
apeurés, nous remontions le boulevard,
jusqu'en haut, jusqu'aux marronniers.

Ramassés.
Les marrons brun roux,

au fond des poches, rituel d'automne
des mains brûlantes qui se font bogues,
striées comme les lignes de mire
apprises dans l'alcôve rouge de la véranda du premier.

Pentues.
Les avenues du Port dans toutes les villes,
mêmes artères vicieuses de contrebande et luisantes
et dégoulinantes de fantassins qui s'affairent,
léger hâle des pierres le long des quais
où des enfants oisifs, dans le jardin aux tourterelles,
jouent sans même un coup d'œil aux marins
dont les pattes calleuses singent les soubresauts du monde.

Soudain,
je me mets à penser au clocher noir
du village de Masnuy, Mons Borinage,
que j'ai toujours vu sous temps d'orage
au moment des enterrements qui étaient jours de fêtes
pour les Marie, les Etienne et les Jean ;
Masnuy Saint-Pierre ou Saint-Jean,
faudra absolument que je tranche cette question,
au bistrot du Silence, lointaine famille
qu'on ne voit plus qu'à ces occasions,
qu'on feint de reconnaître et
où l'on boit des jattes
de café à côté du poêle
qui existe encore, antique,
on se tape sur l'épaule, on ne se connaît
pas, peu ou plus, cyniques ;
« 'tention, v'la les bruxellois ! »
On pince son langage
en se serrant la pince.

Identiques.
Les latitudes jumelles entre Prague et Bruxelles,
dernières lignes de démarcation personnelles
aux allures de décors ataviques
pleins de projections aux relents vaseux de Mercator,
cartes, compas, sextants,
et l'Escaut comme un roman fleuve
qui coule, rive gauche, vers le nord,
sur les berges nomades du Rupel.

Rappel de mon nom propre,
lavé de distances occultées par le rejet
d'une particule à regret
sans majuscule.

Bourlingué.
Cendrars a plus d'un tour dans son sac,
dans les rues sinistres d'Anvers où il berce
son indolence, armé des meilleures pages de
son anthologie personnelle, havresac
porté, dans le port, sur l'épaule gauche, pas la droite
puisqu'il fut, on le sait, amputé, réformé,
ambidextre à la *main coupée*.

Les villes de Belgique se seront adaptées
aux rives de la Moldau, sans oxygène la nuit
à Noël, difficile de respirer sur le pont
comme sur le Pier d'Ostende,
à tes espoirs ruinés, à tes envies sans raisons
de ne plus revenir en arrière,
d'oublier Plzeň, Dvořák,
Mucha et les autres histrions.

Préférés.
Les polders, le singe de la place, les carillons
et les kermesses de minuit, les bonbons acidulés,
les fées et les clochettes
même si reste dans ta mémoire,
l'ombre inquiétante d'un chien noir
au sortir de Notre-Dame-de-Lorette.

...des voyages au loin, au long cours que tu fis et que je devine, dont je ne connais que quelques fragments et les retours dans cette Belgique bientôt fédérale, au carrefour d'Hyon faubourg de Mons bercé par La Trouille qui porte si bien son nom et son affluent La Wampe longeant le Mont Panisel où les druides, paraît-il, cueillirent le gui sous le chêne où nous plantions le piolet gravé aux armes de ta région, coïncidence presque magique qui ramène à Brocéliande où je me consolerai sous les vents et qui ressemble tant aux panoramas de la Bohême centrale des naturalistes qui y firent de beaux butins, landes des plateaux tchèques à perte de vue, sur les crêtes, à la recherche de l'or vert, crêtes acérées comme des lames de verre tranchant l'horizon, reflétant le contour de ton profil, réverbérant la fièvre ocre des cuves où le houblon s'étale à gorge déployée dans les gosiers des vieux de la vieille, raconteurs de légendes oubliées qui vrombissent de fêtes sans espoir et de bières amères dont on se fait péter ventre et tympans, comme sur les places de Belgique au mois d'août à l'heure des bals populaires quand les serveurs en sueur dansent entre les tables et traversent la digue évitant de justesse le cuistax, bolide des années insouciantes des

pelles et des râteaux crissant de sable, une année en Ardennes, l'autre à la plage, les ornières naturelles se couchant sous nos sandales et sachant que tu n'aimes pas la mer, les bains et les thermes ayant pour toi bien d'autres vertus, as-tu rêvé Spa ou bu Ostende, je ne m'en souviens pas, le Limbourg un peu allemand comme toi qu'on n'arpente pas et les châteaux délabrés au sud du pays…

Escale X

« Sans oser ouvrir les autres valises »

Poussé.
En revenant vers toi ainsi,
j'aurai donné corps à mes espaces géographiques
en dessinant sur la carte d'Europe,
les zones cibles qui s'esquissent,
reliant trois villes à la fois.

Chaque segment
de chaque triangle scalène ainsi formé
tissant le réseau migratoire
de mes errances à priori
improvisées.

Comble de la géographie multiple,
des biographies plurielles
qui se passent des registres paroissiaux
comme on se passe aujourd'hui
de moulin pour le papier.

Tout est dans l'air,
compris entre deux rives
sur une digue imaginaire,
en rouge sur la carte photocopiée
pour le plaisir de l'annoter,
d'en souligner les mers,
d'en surligner les contours
au risque de perdre
le fil de tes détours.

Il fut question de valises, de photos étiquetées,
de souvenirs enfouis dans des cartons
perdus dans la cave, humides les cartons,
les valises qui pourrissent et que mon fils seul

ouvrira peut-être, on l'a lu déjà,
ce penchant aussi pour les archives
que l'on craint de disperser
sans jamais oser les ouvrir,
par peur des représailles de la mémoire,
par instinct comme l'animal qui s'éloigne du feu
dans les nuits chacals, sous les cabanes des bivouacs
ou sur le quai des armateurs
quand on calfate
les lucioles et les bois de santal.

Toisés.
Trois clichés auront suffi à scruter ton Est,
ses pignons, ses façades
et ses zones sans saisons ;
l'ardeur a de belles heures devant elle,
pour les diseurs de bonne aventure,
il est l'heure sans doute de se refaire
une nouvelle parure, un nouveau déguisement,
peut-être un peu moins voyant.

Extraites.
De la valise pas tout à fait en carton,
des photos sépia forcément sous tous les frimas,
toutes les frondaisons,
dans les jardins et les garnisons,
pleines de valises fatiguées
de plier une dernière fois bagage.

En revenant vers toi ainsi,
j'aurai bouclé valises et ceinturons,
enfermé dans un livre
quelques bribes d'un passé

que je ne repasserai plus
au fer mais seulement
en revues, en corrigés.

…les bourgeons ont fleuri une fois de plus, sans autre raison que le cycle des saisons qui fait que les sangles d'une valise, même en cuir, s'usent, s'épuisent à reprendre la route, à détourner le regard encore vers la lueur du vasistas, perdu de vue le bagage qui ne supporte pas la sédentarité mais qui vieillit tout de même et qui refuse de partir une dernière fois, pour qui donc, pourquoi ? et puis, ce serait torture que de harnacher encore les poches, les selles, de zipper les tirettes des sacs à mains sales, poussiéreux et de donner à chaque enfant cartes pour château et voyage jusqu'à l'écroulement comme les promesses adolescentes qui s'effritent, serments gravés sur l'écorce du bouleau avec le petit canif qui appartiendra à ton fils, mon père, dans son étui en peau de zèbre, dans le sac en bandoulière à côté des biscuits-soleils d'une recette de grand-mère…

Escale XI

« Faudra leur dire, enfin… »

Faudra leur dire, enfin…

Faudra leur dire d'ouvrir les rideaux, de relever les persiennes
Laisser entrer la lumière sur ces corps saupoudrés
histoire d'effacer l'obscurité, d'engager la parole

Faudra leur dire d'oublier un instant leur console
De vivre un peu, de prendre le vent
et leur dire que les rides en somme
sont faites pour vieillir

Faudra leur dire de revenir sur leurs pas
S'ils le peuvent, un jour, sans leur barda
pour mieux estimer la distance parcourue

Faudra leur dire de se couvrir, de rester vigilants
Mais mordre encore dans la peau !
en caressant son amant

Faudra leur dire de sculpter dans la pierre
Quelques lignes de prières
adressées à toi, adressées à chacun

Faudra aussi leur dire de visiter le château
Même s'ils sont d'une autre race
même s'ils sont d'un autre temps

Faudra leur dire de croire en l'ivresse
De boire sec dans les nuits en hiver
quand la pluie lave les gosiers

Faudra leur dire qu'au nord des lignes
Les bouées n'indiquent pas forcément le chenal idéal
qu'elles sont balises et non vérités

Faudra leur dire de repeindre la cour
De couper les haies
même s'ils décident un jour
de partir en été

Faudra leur dire que la Bretagne est plus belle en arrière-saison
Quand les vents dominants portent les pétrels
et que nous marchons dans l'ajonc

Faudra leur dire aussi que je les piste dans la nuit
Sur les falaises, dans les rues synonymes,
que je les entends même s'ils ne m'écoutent pas

Faudra leur dire, enfin…que je les aime
Et que je les attends
même si ce sont eux qui m'attendent,
je crois.

De quelques escales…

Du même auteur

POÉSIE

Débris de fouilles biographiques,
Les Éditions de l'Heure, 2007

Être et rester debout : fragments,
Les Éditions de l'Heure, 2007

Itinéraires Dörfler,
Les Éditions de l'Heure, 2009

Livret muet : fragments sonores,
Maelström, 2012

POÉSIE – Ouvrages collectifs

Bords de monde,
photographies de Martine Cornil, Maelström, 2012

Piqués des vers : anthologie poétique,
ss. la dir. de C. Nys-Mazure et Ch. Libens, Espace Nord, 2014

Fragments autour d'un portrait,
P. Guaffi, 2016 (livre d'artiste)

Onze poèmes pour fêter Ulenspiegel,
Fédération Wallonie Bruxelles, 2017

TEXTES CRITIQUES

Les sens, une essence migratoire, in Actes du Colloque « Jacques Darras, poète de la fluidité », Le Cri, 2010

Dictionnaire Rimbaud, rédaction de dix notices, ss. la dir. de Jean-Baptiste Baronian, Robert Laffont, coll. « Bouquins », 2014

À l'envers soi, postface rééd. « Anvers ou les anges pervers » de Werner Lambersy, Espace Nord, 2015

Chronique d'un hédoniste, postface rééd. « Jardin botanique » d'Alain Bertrand, Espace Nord, 2015

Nonante-neuf poèmes, postface à l'anthologie inédite de Maurice Carême, co-écrite avec Ch. Libens et Rossano Rosi, Espace Nord, 2017

Promesses tenues, postface rééd. « La promesse faite à ma sœur » de Joseph Ndwaniye, Espace Nord, 2018

Bibliothécaire-documentaliste, chargé de cours en histoire et techniques du livre, **Rony Demaeseneer** a été libraire de livres anciens pendant plusieurs années. Il est également auteur (*Livret muet*, Maëlstrom, 2012) et publie régulièrement dans diverses revues (*Le Carnet et les Instants*, *La Revue Nouvelle*, *Phoenix*, etc.). Il a, par ailleurs, animé pendant cinq ans les rencontres mensuelles des « Jeudis Lire » au Palais des Beaux-Arts de Bruxelles autour de l'actualité littéraire en Belgique francophone. Modérateur de débats littéraires pour de nombreux festivals, il a collaboré en 2014 au Dictionnaire Rimbaud publié chez Laffont dans la collection Bouquins. Membre du comité éditorial de la collection Espace Nord, il anime depuis quatre saisons les Dîners littéraires bruxellois de la Maison de la Francité.

Originaire du sud de la France, **Alain Munoz** voulait faire de la bande dessinée : il décide de partir à Bruxelles et intègre saint-Luc.

Depuis, il travaille dans une association où il anime des ateliers d'art plastique et de bande dessinée. Il est l'un des membres fondateurs du label Habeas Corpus (fanzines) et il scénarise pour Cyril Elophe la série *Vanina*, pour le magasine Philéas et Autobule.

Bibliographie:

Le Grand Vide, Habeas Corpus, 2003-2009

L'Opinel, Habeas Corpus, 2011

Kemet, Tête à tête, 2 tomes, 2013-2014

D'Ailleurs, Vide Cocagne, 2017

Comme sur des roulettes, Habeas corpus, 2018

http:/alainmunoz.blogspot.com/

Achevé, avec dignité,
par l'imprimeur,
sur le coin du zinc d'un sombre caboulot,
mis en bouteille de caractère Garamond 12,
le livre que le lecteur complice
tient entre les mains
naît enfin de ses cendres
en ce mois de janvier 2019,
pressé qu'il est
de mûrir quelques ans
grâce aux bons soins des artisans
de la Maison de la Poésie d'Amay
(Belgique)

www.elementsdelangage.eu

ISBN : 978-2-930710-18-1
Dépôt légal : D/2019.13.157.1